AF397220

Kustantaja: BoD - Books on Demand,

Helsinki, Suomi

Valmistaja: BoD - Books on Demand,

Norderstedt, Saksa

ISBN: 978-952-80-7199-0

LOPULTA SAAPUU ILTA

RUNOJA

Nykyisin tarvitsee harjata
hampaista enää
kolmasosa.

Nukut paljon.
Käyt hetken hereillä
henkäys on tuulen
vaikka peitto liikahtaa.

Aika tuntui pitkältä.
Se aika kun olit vielä
äiti.
Aika läikkyneen maidon
ja pöydän välissä.

En tohdi suudella
sinua hyvästiksi.
Etten taas särkisi
jotain
kuten katsettasi
joka on tyyni
täynnä hyväksyntää
ja poissa.

Puhun seinille
koska sinulla ei
enää ole korvia.
Puhun villasukista
jotka sain sinulta
viime jouluna.
Ja sitä edellisenä.
Viimeisenä kun
en kehdannut
pyytää mitään.
Enkä koskaan pyytänyt
Sain silti.

Ei mainoksia- tarra jäi liimaamatta
jotta edes mainostenjakaja
kävisi ovella.

(Risto Rasaa mukaillen)

Ovet jätetään avaamatta
eikä sinua teititellä.
Bussissa joku saattaa
antaa paikan
mutta ei ikkunan vierestä:
Samasta valosta.

Hiustesi harmaus
on valkeutta
sieltä minne olet
menossa.

Nukahdat television ääreen
nojatuoliin
huopa polviesi päällä.
Pääsi veltto
kuin nuupahtanut kukka.

Kävelit rollaattorin avulla
pitkin sairaalan loputtomia
käytäviä.
Sydämesi oli raskas
kuten se kukka joka
oli lasimaljakossa
vainajan pöydällä.

Kasvosi nykivät
kivusta.
Saat sanottua Jumala
mutta tavuttaen.

Kipu näkyy kasvoiltasi
Ei ole mitään anteeksipyydettävää
Pyydät kuitenkin kun lettejäni
kauniiksi kehut.

Kun et enää pysty
tuottamaan puhetta
puhut kyynelin.

Kampaan samalla Barbinkin
hiukset
omasi iltaan asti.

Kerrot että joskus
öisin nouset sängyltäsi
ja menet itseesi
mutta välttämättömyys
vetää sinut takaisin
kuten kuolema.

Heti herättyäsi
sanoit ajattelevasi lapsiasi
Että tämäkin päivä on
heitä varten
siunattu ajatus.

Ruoka ei ole maistunut

sinulle pitkään aikaan.

Olet luopunut luumukiisselistä

olet luopunut kaikesta.

Eniten toivosta.

Katselen sairaalan
ikkunasta ulos.
Kuin olisit jo lähtenyt
maatunut kuolemattomaksi
kylmän tuulen mieleen.

Minun tulee ikävä sinua.
Sille on oma tuoksunsa
niin kuin taikinasta tuoksuu
läpi siitä leivottu leipä.

Viimeiset sanasi putoavat
kämmenelleni
enkä tiedä
mitä niillä tehdä.
En tohdi puristaa nyrkkiini
etteivät ne mene rikki
kuten sydän meni.

Ryystät nykyään ruokasi
kun sinua syötetään.
Tahtoisin lainata huonoja
hyviä silmiäsi jotta näkisin
enkeleitä joista puhut
keijuja.
Rusinat pullasta.

Kun minua pelotti
tahdoin piiloutua
selkäsi taa.
Sielläkin oli silmät.

Muistelen sinua
ja nouset kuolleista.
Pyydät kahvia.
Jähmetyn.
Seison suorana kuin
suruaan lepattava
kynttilä.

Olet kuollut.
Hoen mantraa
että nousisit kuolleista.
Katan sinulle lautasen
varmuuden varalta.

Yövoiteesi tuoksu.
Kaikki tuoksusi
samaan aikaan.
Istut keittiössä
tuolilla vaikka et.
Ja se ettei tyhjääkään
tuolia voi olla ohittamatta,
silmäparia joita muistaa
kiittää.

Autan sinulle kengät
jalkaan.
Vielä tämän kerran
solmin meidät yhteen
tiukasti.
Mutta rusetti muistuttaa
perhosta.
Lopulta se lentää pois.

Tahdoit mekon joka
on lähes haalistunut pois.
Tai sitten vain sulauduit
maisemaan niin hyvin.
Siihen joka on olohuoneessa.
Siinä jossa on kehykset.

Olit sananlasku.

Eikö lasi riitä maidolle
kun pöydällekin piti
kaataa.
Se leviää kuten syöpä
leviää
ja lopulta sillä on ääret.

Tarkkailit kasvimaata
lintulautaa
ja tuskin muistit edes
hengittää.
Taidat sittenkin yhä olla
siinä ikkunan luona
itsestään selvyytenä.
Ja miten vähän
sitä lopulta olit.

Kohta avaan osaston oven.
Siellä odottaa kuolema.
Sinun kuolemasi.

Jonain aurinkoisena päivänä,
sanoit.
Nyt ulkona paistaa aurinko,
äiti kulta.

Kammatessa hiuksiani
paljastuvat sinun piirteesi,
äiti.

Sinulla oli tuomisina
aina suklaalevy joka
ei mahtunut käsilaukkuusi.
Mutta nyt on jo myöhä.

Et sinä enää tule.

Pää kädet jalat.
Mutta löydänkö sinua
koskaan kokonaan?

Kerroit että oma
äitisi meni
navettaan itkemään salaa
lehmille.
Minä en aio piiloutua surulta
ja minne menisin
kun olet poissa?
Näkymättömän murheeni taakse?

Linnut laulavat mutta
mykkinä.
Puna palaa kasvoillesi.
Vai kuvittelenko
kaiken?

Käyt täällä mutta
tuulena
vetona avoimesta ikkunasta.
Huopa lihanasi.

Villasukkasi jossa
kasvoivat liian pitkät
kynnet.
Säilytän niissä
vihkisormustasi,
helminauhaa.

Se piparkakku,
sydämenmuotoinen
jonka sinulle leivoin.
Sekin mureni.

Mummo kuin Raamattunsa:
Antoi kaiken anteeksi.

Kahvia josta mummo
piti
ei valmisteta täällä.
Keittäjäksikin kelpasi
ainoastaan kaivovesi.

Pellillinen loputonta pullaa.

Seuraavana päivänä
hautajaisten jälkeen
ei satanutkaan.
Aurinko loi uudet linnut.

Sinun omenapuusi
kukkii taas.
Teen sosetta ja
tulen iloiseksi.
Resepti on sinulta.

Käytän kattilaasi
ja saan yhteyden.
Annat ohjeita.

Sadepäivä.
Huomaan surun
kasvavan siitä.

Kädet etsivät tekemistä.
Rapsutan tyynyä kuin
se olisi sinun kissasi.

Jätän sinut auki
kuten kirjan yöpöydälle
ja jatkan kun siltä tuntuu.

Sinun kahvikuppisi
korvasta halki
kun yritän sille jutella.

Tapetit rypistyvät
kuten sydämeni
syiden suuntaisesti.

Tie mummolaan
kasvaa umpeen.
Toisin kuin sydämen polku.

Lopulta sinut kirjoitetaan
ruohon muistiin.

Se mikä katkeaa
kuten puhelumme,
jatkuu muistojen
hiljaisena dialogina.

Rakastatko aina minua?
Tiedätkö että vaikeneminen
tulkitaan myöntymisen
merkiksi.

Jäit kauniiksi.
Ei minulla muuta. 62
Nähdään.

Pärjään kyllä.

Lupiinit

Kaappikello

Vahakangasliina

Lehti putoaa.

Puu päästänyt kädestä.

Syksy jatkuu.

Syksy.